Britta Kienle

Kartenlegen
leicht erlernbar
nach Art der Madame Lenormand

Kompaktkurs
Britta führt Sie in 7 Schritten
in die Kunst des Kartenlegens ein

2. Auflage überarbeitet

Herstellung:
Books on Demand GmbH
Norderstedt

ISBN 978-3-936568-27-1

2. Auflage überarbeitet ©2007 by Britta Kienle
www.brika-verlag.de
Brigitte Kienle

Gewidmet
meinem lieben Enkel Tobias
der mir immer wieder zur Seite stand
und mich stets liebevoll aufmunterte

Bei Interesse an Seminaren – bundesweit –

Kartenlegen leicht erlernbar

- ❖ Madame Lenormand leicht erlernbar
- ❖ Tarot leicht erlernbar
- ❖ Kipperkarten leicht erlernbar
- ❖ Zigeuner-Wahrsagekarten leicht erlernbar

www.kartenlegekurse.de:
Britta Kienle Telefon: 0711 316 7200

Sofortiges Kartenlegen
0900 57 66 20 400 – Euro 1,35/min
v.dt.Festnetz

Autorin Britta Kienle

Liebe Leserin, lieber Leser,

das vorliegende Lehrbuch bietet Ihnen einen Leitfaden für den professionellen Umgang mit Karten.

Jeder Mensch ist ein Individuum. Dies bedeutet unter anderem, dass jede/r Kartenleger/ im Laufe der Zeit sein oder ihr persönliches System entwickeln wird.

So gibt es kein allgemein gültiges Rezept, wie oder womit Sie Ihre Beratungen durchführen können.

Daher
kann seitens des Verlages oder der Autorin für sich eventuell
ergebende Fehlinterpretationen oder Fehlberatungen seitens der Leserschaft keine Verantwortung übernommen werden.

Inhalt:

Die Kunst des Kartenlegens und Kartenlesens

Das **Kartenlegen** ist eine seit Jahrhunderten von Generation zu Generation **überlieferte Tradition.** Auch heute ist sie aus unserem Alltag nicht mehr wegzudenken. Immer mehr Menschen suchen in dieser Kunst

Rat und Hilfe für ihr Leben.

Eine der bedeutendsten Vertreterinnen dieser Kunst war **Mme. Lenormand**. Ihre hellseherischen Fähigkeiten sowie ihr feines Gespür für die Probleme Ihrer Mitmenschen werden auch heute noch anerkannt.

Sie lebte vom 27.05.1782 bis 25.06.1843 in Paris und wurde von zahlreichen politischen und adligen Persönlichkeiten konsultiert. Seit Jahren habe ich mit Hilfe dieser Kunst schon vielen Menschen helfen können.

Aus dieser Erfahrung heraus, ist es mir ein Bedürfnis, die **Kunst des Kartenlegens** auch allen interessierten Leuten weiterzugeben, um diese schöne Tradition zu erhalten.

Ich bin sicher, dass Ihnen dieser Kompakt-Kurs Kartenlegen für den Alltag in 7 Schritten mit Übungen viel Freude bereiten wird.

Vorwort

Lieber Kartenleger / Liebe Kartenlegerin!

Es ist mir eine große Freude, Sie in der faszinierenden Welt des Kartenlegens willkommen heißen zu dürfen.

Die vorliegende Neuausgabe enthält alle Übungen und Illustrationen der vorangehenden Ausgaben, ist jedoch aktualisiert und um ein Vielfaches erweitert worden.

Zudem bin ich ganz besonders glücklich, Ihnen das Ergebnis eines lange gehegten und nun endlich in Erfüllung gegangenen Wunsches vorstellen zu dürfen: Meine eigenen Wahrsagekarten nach Art der Madame Lenormand.
Dieses außergewöhnlich schöne Kartenset enthält anstelle der sonst häufig verwendeten Skatsymbole zwei ganz besondere Symbole, die Ihnen den Einstieg in diese hohe Kunst erleichtern sollen: Karten, welche zeitlichen Bezug oder eine weitere Bedeutung als Zukunftskarte haben, sind mit zwei zusätzlichen, schnell erkennbaren Symbolen versehen:

Dem Auge (Zukunftskarte)

sowie

der Uhr (Zeitkarte)

Wer meine weiterführenden Bücher kennt, mag sich vielleicht ab und an wundern, weshalb er immer wieder auf Übungen stößt, die bereits aus dem Kompaktkurs bekannt sind.
Dies ist jedoch vollkommen normal und beruht auf zwei Grundprinzipien:

Erstens handelt es sich bei dem vorliegenden Band um einen auf das Nötigste reduzierten Kompaktkurs, der Sie zwar mit allen notwendigen Informationen und dem Basiswissen versorgt, das Sie für das Kartenlegen benötigen, der jedoch vorwiegend für den „Hausgebrauch", also das schnelle Kartenlegen für sich selbst und die eigene Familie, sowie Freunde und Bekannte geeignet ist.

Daher enthält dieses Lehrbuch zahlreiche Übungen aus meinen weiteren Lehrwerken (Ausschnitte aus den Lehrbüchern I - IV), die es Ihnen hiermit in verkürzter Form nahe bringen möchte.

Zweitens greife ich bestimmte Übungen bewusst immer wieder erneut auf, und kombiniere diese mit neuen Facetten und Fragestellungen, da sich diese Art von Wiederholungseffekt positiv auf den Lernvorgang auswirkt.

Sie kennen das sicher: Eine Abwandlung eines bereits bekannten Kuchens ist schnell gebacken und bleibt uns auch leicht im Gedächtnis, während ein vollständig neues Rezept viel mehr Zeit und Denkarbeit erfordert.

Vergessen Sie nicht, dass es sich hier um ein reines Basiswerk handelt, das Ihnen den Einstieg erleichtern und sie auf dem schnellen Weg zum Erfolg begleiten soll.

- ❖ Im Wesentlichen gliedert sich dieses Lehrbuch in drei sich ergänzende Teile:
  Die Einführung: Hier werden Ihnen die Karten in mehreren Beispielen in ihren Möglichkeiten und Kombinationen gezeigt und erläutert.

- ❖ Die Übungen: In diesem Abschnitt haben Sie die Möglichkeit, das Erfahrene anhand von Übungen zu vertiefen und Ihre neu erworbenen Fähigkeiten auszuprobieren.
  Auf jede Übung folgt meine eigene Interpretation als möglicher Lösungsvorschlag.

❖ Die weiterführenden Beispiele geben Ihnen nun die Chance, Ihr Können innerhalb eines größeren Sachzusammenhanges anzuwenden.

Auf diese Weise erarbeiten wir uns gemeinsam Schritt für Schritt eine solide Basis, die Ihnen auf Ihrem Weg zum professionellen Kartenlegen eine große Hilfe sein wird.

Ich wünsche Ihnen nun viel Spaß und Erfolg beim Üben!

Ihre Britta

Noch ein Tipp zum Thema Ängste:

Private und berufliche Probleme und Unstimmigkeiten können besonders bei sensiblen Menschen leicht Ängste auslösen oder bereits vorhandene Unsicherheiten verstärken, die dann das tägliche Leben beeinflussen oder - im schlimmsten Fall - sogar beherrschen können.

Mir selbst erging es da nicht anders.

In einer Zeit, die für mich durch große persönliche Probleme belastet war, begann ich das Kartenlegen zu erlernen und mich auf dem mir bis dahin unbekannten Gebiet der Esoterik umzusehen.

Im Zuge dieser Entwicklung lernte ich eine ganz neue Sichtweise kennen und schätzen, wurde durch diese Art, die Menschen in meiner Umgebung zu betrachten immer feinfühliger und begann verstärkt auf meine ***innere Stimme*** zu hören.

So gelang es mir schließlich, zu verstehen, weshalb einige Menschen in meiner Umgebung mich so behandelten, wie sie es taten. Anstatt unter ihren Angriffen zu leiden, konnte ich ihnen nun ruhig und gelassen entgegentreten und mir sagen:

Diese Menschen haben ein Problem. Nicht ich.

Dies war eines der größten Aha-Erlebnisse meines Lebens.

Trotz aller anfänglichen Begeisterung für die neuen Erkenntnisse, die wir durch das Erlernen dieser Kunst gewinnen, sollte man jedoch nicht vergessen, dass das Kartenlesen lediglich Möglichkeiten und Wege aufzeigt, die man verfolgen könnte, wobei es uns selbstverständlich jederzeit frei steht, uns anderweitig zu entscheiden und einen anderen Weg einzuschlagen.

Auf jeden Fall geben Ihnen die Karten:

- Anregungen und Impulse zum Nachdenken,
- vielleicht auch einen Anlass, etwas zu unternehmen,
- Hinweise, die Ihnen helfen können, eventuelle Probleme vorn vorneherein zu verhindern.

Die Erkenntnisse, die Sie im Laufe Ihrer Entwicklung machen werden, sollen und werden Sie darin bestärken, vermehrt auf Ihre innere Stimme zu hören und sich nicht länger von der Anerkennung Anderer abhängig zu machen.

Nutzen Sie Ihre neue Ausgeglichenheit, um Ihren persönlichen Lebensweg zu gehen.

Jeder Mensch

> muss *seine Zukunft und sein Schicksal* selbst
> in die *Hand nehmen.*
> *Stellen Sie also die Weichen neu*
> *auf Ihrem Weg zu Ihrem persönlichen Erfolg.*

Nutzen Sie Ihre Karten dabei gerne als Hilfestellung, doch machen Sie sich und Ihr Leben nicht von einem Medium wie Wahrsagekarten, Pendel oder anderen spirituellen Hilfsmitteln abhängig.

Viele kleinere Probleme benötigen kaum Hilfe seitens der Esoterik, sondern zuweilen lediglich einen kühlen Kopf und ein wenig gesunden Menschenverstand.

Erster Schritt

Karten verstehen und deuten lernen

Die wichtigsten Punkte beim Erlernen des Kartenlegens möchte ich Ihnen hier in einer kurzen Zusammenfassung übermitteln:

1. Das Erkennen der Bedeutung der einzelnen Karten:
    Nehmen Sie die Bedeutung jeder einzelnen Karte gut in sich auf und lassen Sie diese auf sich wirken. Erkennen Sie Zusammenhänge zwischen den Karten und ordnen Sie diese in den Gesamtzusammenhang ein.

2. Das Erlernen des richtigen „Sehens" und das Erkennen von Themen im Kartenbild:
    Dies ist die vielleicht schwierigste Hürde auf Ihrem Weg zum Kartenleger. Deshalb gehen wir hier langsam, gemeinsam und Schritt für Schritt vor.

3. Das Vertrauen in Ihre Intuition zurück zu gewinnen: Eines der wichtigsten Kriterien beim Kartenlegen besteht darin, den Bezug zu seinem Unterbewusstsein wieder zu erlangen.

    Zu Anfang mag das für so manchen noch recht schwierig sein, doch unsere Intuition haben wir von Natur aus mitbekommen.
    In unserer heutigen schnelllebigen Zeit haben wir Menschen den Kontakt zu unserer inneren Stimme jedoch häufig verloren!

4. Das Interpretieren:
    Üben Sie täglich 15 Minuten mit Ihren Karten!
    Die einfachste und effektivste Methode besteht meiner Erfahrung nach darin, die Karten gründlich zu mischen und diese daraufhin fächerartig mit der Bildseite nach unten vor sich auf dem Tisch auszubreiten.

Nun suchen Sie sich eine Karte aus dem Stapel und drehen diese um.

Mit Hilfe der Aufstellung über die Bedeutungen der einzelnen Karten im folgenden Kapitel sprechen Sie die Bedeutung der jeweils gezogenen Karte laut vor sich hin.
Haben Sie keine Angst, niemand wird Sie dabei hören oder aus-lachen können.

Nach ein paar Tagen können Sie bereits versuchen, sich die Bedeutungen der Karten auswendig zu merken.
Machen Sie sich jedoch keine unnötigen Gedanken, wenn Ihnen dies nicht auf Anhieb gelingen mag. Es geht nicht darum, die Bedeutung möglichst schnell zu erlernen, sondern darum, diese zu verinnerlichen.

Nehmen Sie Ihre Karten regelmäßig zur Hand und beschränken Sie sich auf etwa eine viertel- bis halbstündige Übungseinheit.
Auch wenn es verlockend erscheinen mag, möglichst viel auf einmal zu lernen, sollten Sie sich zu Beginn Ihrer Tätigkeit auf keinen Fall zu viel vornehmen.

Andernfalls speichern Sie die Bedeutungen der Karten lediglich in Ihrem Kurzzeitgedächtnis ab und können sich schon bald nicht mehr an bereits Gelerntes erinnern.

Es empfiehlt sich daher, lieber öfter mit ein und derselben Karte zu üben, ehe Sie sich eine weitere Karte oder gar das nächste Kapitel vornehmen.

Ebenfalls sollten Sie auch später, wenn Sie sich bereits sicherer fühlen, diese einfache Übung immer wieder einmal durchführen.
Auf diese Weise festigen Sie Ihr Basiswissen ganz enorm.

Beispiel 1:
Sie ziehen die Karte Nr. 31 *Sonne:*

Sie sagen: Die Karte „Sonne" bedeutet „Erfolg".

Vielleicht können Sie sich an dieser Stelle auch bereits Gedanken darüber machen, weshalb Sie wohl ausgerechnet diese Karte aus dem Stapel gezogen haben

- Besteht ein Bezug dieser Karte zu Ihrem Leben?

Wen Sie möchten, betrachten Sie diese Karte auch als Anregung für den kommenden Tag.

Beispiel 2:
Sie ziehen die Karte Nr. 4 *Haus:*

Sie sagen: Diese Karte bezieht sich auf mein Zuhause.

- *Es geht* um meinen privaten häuslichen
Bereich.

Auch an dieser Stelle könnten Sie sich wieder Gedanken über einen möglichen Bezug zu Ihrer derzeitigen Lebenslage machen.

- *Was für Gefühle hegen Sie derzeit Ihrem Heim*
 oder
Ihrer Heimat gegenüber?
- *Denken Sie oft an Ihr Zuhause?*
- *Sehnen Sie sich nach mehr häuslicher*
Geborgenheit?

Übrigens: Unsere Stimmung und damit auch unser Interpretationsvermögen sind nicht an jedem Tag gleich gut ausgeprägt. An manchen Tagen fühlen wir uns wie zerschlagen und schaffen es weniger gut, uns auf unsere Karten zu konzentrieren.

Akzeptieren Sie, wenn Sie Ihre Karten an manchen Tagen nicht so gut interpretieren können wie sonst. Dies ist ganz normal und kommt bei den besten Kartenlegern vor.

Lassen Sie sich jedoch auf keinen Fall entmutigen oder gar dazu verleiten, die Flinte vorschnell ins Korn zu werfen.

Üben Sie trotzdem täglich weiter!

In den folgenden Kapiteln möchte ich Ihnen nun das Lesen und Interpretieren der Karten auf eine einfache und anschauliche Weise vermitteln.

Daher werde ich auch immer wieder zahlreiche Übungen und bildliche Darstellungen verwenden, die Ihnen das Nachvollziehen der jeweiligen Situation erleichtern sollen.

Die nachfolgende Aufstellung der einzelnen Karten der Madame Lenormand enthält sowohl „Brittas Wahrsagekarten nach Art der Madame Lenormand", als auch das Kartendeck der „Blauen Eule".

Falls Sie das Deck der Blauen Eule nutzen, finden Sie sich in der Auflistung daher ebenso schnell und einfach zurecht, als wenn Sie „Brittas Wahrsagekarten" verwenden.

Wenn Ihnen auch zunächst noch so manches ein wenig verwirrend erscheinen mag, so kann ich Ihnen doch eines bereits jetzt versprechen:

Sie werden sich am Ende dieses Kurses wundern, wie viel Sie mittlerweile aus den Karten herauslesen können.

Auch werden Sie im Laufe der Zeit bemerken, wie Ihr Gespür für Ihre Umwelt und Ihre Karten sich immer mehr verfeinert.

***Nun wünsche ich Ihnen viel Spaß und Erfolg
beim Erlernen des Kartenlesens!***

Die Bedeutung der 36 Karten nach Madame Lenormand

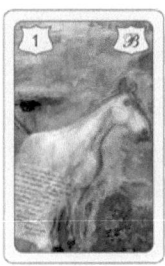

1. Reiter
Nachricht,
Gespräche,
Sie führen Gespräche:
liebevoll, geheim,
clever,
im Streit usw.

2. Klee
kleines Glück,
glückliches Gelingen,
glücklicher Ausgang

3. Schiff
kleine Reise,
Nachbarstadt,
Reise innerhalb des
Landes

4. Haus
häuslicher Bereich,
im und um das Haus,
Sicherheit,
Geborgenheit

5. Baum
steht für das Leben:
Abstammung,
Stabilität,
etwas, das man mit
Sicherheit erleben
wird

6. Wolken
undurchschaubar,
etwas unklar,
nicht deutlich
erkennbar,
Unklarheiten

7. Schlange
Personenkarte
Großmutter, Tante
usw., Freundin
ältere Frau,
Arbeitskollegin,
Ex-Frau,
auch Geliebte

8. Sarg
Negativ-Karte
Gesundheit,
Tod (etwas, das für
den Fragenden
gestorben ist)

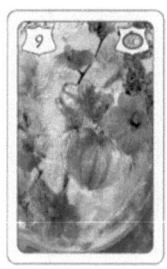 

9. Blumen
großes Glück,
Einladung, Feier

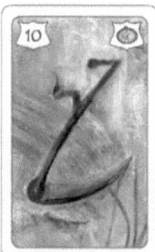 

10. Sense
plötzliches Ende,
plötzlicher Neubeginn,
Durchsetzung

11. Rute
Negativ-Karte
Ärger, Streit
Verdruss

12. Vögel
Negativ-Karte
vorübergehende Mühen,
Kummer
(kleiner Kummer)

13. Kind
Personenkarte
Kind, Tochter,
Arbeitskollegin,
junge Frau, Freundin,
Geliebte, Naivität

14. Fuchs
Klugheit,
Intelligenz, Cleverness,
Schläue,
Falschheit, Diebstahl
chronisch

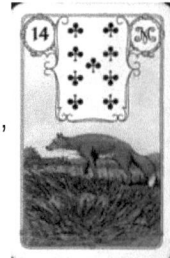

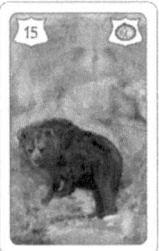

15. Bär
Personenkarte
Vater, Großvater,
Onkel, älterer Mann,
Ex-Mann,
Arbeitskollege,
Freund, Geliebter

16. Sterne
Intuition, Seele,
Sehnsucht,
Tränen

24

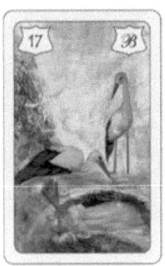

17. Storch
Veränderung
Erneuerung
Wandel
Beweglichkeit
Technik

18. Hund
Personenkarte
Kind, Sohn, Tochter
(männlich veranlagt),
Bruder, Freund,
junger Mann,
Liebhaber

19 Turm
Schule,
Ausbildung,
Arbeit

20. Garten
Öffentlichkeit,
Menschen-
ansammlung

25

21. Berg
Stärke, Macht,
Größe,
unüberwindliches
Hindernis,
Blockade

22. Wege
getrennte Wege,
neue Wege,
Entscheidungen
treffen,
Lösungen suchen

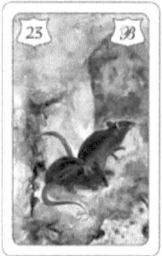

23. Ratte
Negativ-Karte
Verlust, Angst,
auch Krankheitskarte,
etwas frisst und nagt
an der Person, bei
der diese Karte liegt

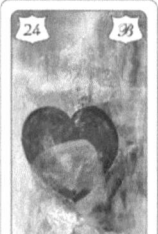

24. Herz
Liebe,
Herzlichkeit

25. Ring
Ehe,
Partnerschaften,
Verbindungen,
Verträge

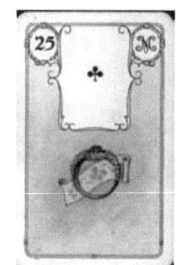

26. Buch
erlerntes Wissen,
Geheimnis,
Wissen sammeln
es ist etwas noch
nicht spruchreif

27. Brief
schriftlicher Kontakt,
Post, Verträge, Fax,
Telefon, E-mail,
SMS, schneller
Kontakt
ist unterwegs

28. Mann
Personenkarte
Fragender,
Ehemann oder
Partner von
Nr. 29 *Frau*

29. Frau
Personenkarte
Fragende,
Ehefrau oder
Partnerin von
Nr. 28 *Mann*

30. Lilie
In Verbindung mit
positiver Karte:
Anregung, Sex,
In Verbindung mit
negativer Karte:
Aufregung (Hektik)

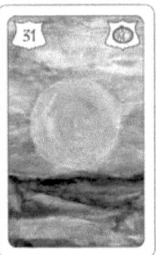

Nr. 31. Sonne
Erfolg,
Wärme, Hitze,
Süden

32. Mond
Gefühle,
Anerkennung,
Norden

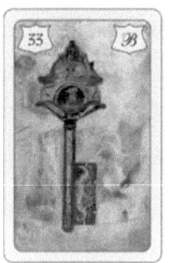 **33 Schlüssel**
Kraft, Power,
Aktivitäten,
Arbeit, Handwerk

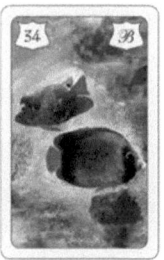 **34 Fische**
Geld, Finanzen

 **35 Anker**
Alter, Länge,
Tiefe,
Ausland,
weite Reise

 **36 Kreuz**
Glaube,
Zukunft

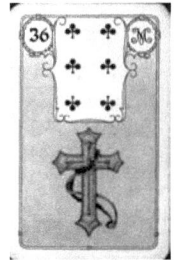

**Eine der wichtigsten Voraussetzungen
für das Arbeiten mit Ihren Karten ist
zunächst einmal Ihre innere Haltung.**

Wer sich unnötig verkrampft und auf Teufel komm raus nach einer passenden Deutung sucht, blockiert sich und sein Gespür nur selbst.

Wenn Ihnen einmal gar keine passende Erklärung für das Auftauchen einer Karte an einer bestimmten Stelle einfallen mag, so muss das nicht bedeuten, dass Ihr Gespür nicht ausreicht, oder dass Sie sich nicht zum Kartenlegen eignen. Vielleicht fällt Ihnen der Sinn dieser Karte ja irgendwann zu einem ganz anderen Zeitpunkt wie Schuppen von den Augen.

Entspannen Sie sich also und setzen Sie sich auf keinen Fall unter Erfolgsdruck. Bleiben Sie so gelassen und offen für Ihr intuitives Gespür wie möglich. Auf diese Weise bleiben Sie aufnahmefähig für neue Gedanken und Einfälle und es fällt Ihnen leichter, eine passende und möglichst klare Aussage In den Karten zu erkennen.

**Ihr Unterbewusstsein kennt nur die Sprache
der Bilder und Symbole**

Mischen Sie die Karten, legen Sie diese mit der Bildseite nach unten auf den Tisch und verteilen Sie sie mit beiden Händen. Wenn Sie es wünschen können Sie die Karten selbstverständlich auch fächerartig auslegen.
Nun ziehen Sie zwei Karten aus dem Stapel und legen diese mit der Bildseite nach oben vor sich auf den Tisch. Betrachten Sie die Karten, lassen Sie sie auf sich wirken und sprechen Sie auch diesmal wieder ihre Bedeutung laut vor sich hin.

Tipp:
Überstürzen Sie nichts. Auch wenn Ihnen das Interpretieren an diesem Punkt noch leicht und flüssig von der Hand gehen mag, so

sollten Sie sich doch zunächst lediglich auf zwei Karten konzentrieren. Auf diese Weise trainieren Sie Ihren Blick für Zusammenhänge und kommen später viel schneller voran. Hier spreche ich aus eigener Erfahrung.

Übrigens:

Während dieser Übung hat es sich bewährt, die vorangehenden Seiten mit den einzelnen Kartenbedeutungen offen vor sich auf den Tisch zu legen. So können Sie immer wieder einmal einen schnellen Blick darauf werfen, um nachzuprüfen, ob Sie sich die Bedeutungen auch richtig gemerkt haben.

Zu Beginn mag es natürlich noch ein wenig schwierig sein, sich so viele Bedeutungen gleichzeitig zu merken, doch trösten Sie sich: Wie in den meisten Fällen macht auch hier lediglich Übung den Meister.

Erstes Beispiel:

Sie haben die Karte Nr. 25 *Ring* gezogen

- *Ehe*
- *Partnerschaft*
- *Verbindung*
- *Verträge*

Lassen Sie die Karte kurz auf sich wirken.
Weshalb haben Sie wohl ausgerechnet diese Karte gezogen? Machen Sie sich klar, was Sie weiter über dieses Thema wissen möchten. Ihr Unterbewusstsein kennt die Antwort auf diese Frage bereits. So könnten Sie beispielsweise fragen:

- Was will mir diese Karte sagen?
- Weshalb habe ich genau diese Karte gezogen?
- Wie steht es um meine Partnerschaft?

Nun ziehen Sie eine weitere Karte.

Nehmen wir an, die zweite Karte sei die Nr. 2 *Klee*.

- *glücklicher Ausgang*
- *kleines Glück*
- *glückliches Gelingen*

Nun verbinden wir die beiden gezogenen Karten zu einem sinnvollen Ganzen:

Nr. 25 *Ring*   +   **Nr. 2 *Klee***
Ehe oder Partnerschaft   *kleines Glück*

> ➢ *Die Partnerschaft (ob verheiratet oder nicht) verläuft glücklich.*

Kommen wir nun zu ein paar Übungen für Sie:

Bitte interpretieren Sie die folgenden Kartenzusammenhänge und verlassen Sie sich dabei ganz auf Ihr Gespür. Fassen Sie danach die Aussagen, die Sie den Karten entnehmen, mit ihren *eigenen Worten* in ein oder zwei kurzen Sätzen zusammen.
Machen Sie sich dabei keine Sorgen, wenn Ihre Formulierung einmal von meinem Lösungsvorschlag abweicht.

Schließlich verläuft Ihr Leben in anderen Bahnen als meines und die Erfahrungen, die wir im Laufe unseres Lebens sammeln fließen in nicht unerheblichem Maße in unsere Intuition mit ein. Lediglich der Sinn der beiden Aussagen sollte übereinstimmen. Tragen Sie *Ihre* Antworten dann bitte in die folgenden Übungsbeispiele ein.

Vergessen Sie auch an dieser Stelle bitte nicht: Es gibt keine fest vorgeschriebene oder absolut richtige Antwort!

Kartenlegen ist ein Orakel und nur SIE können interpretieren, was die Karten IHNEN sagen.

Im Anschluss an die Übungen finden Sie **meine** Interpretationen in **meinen** Worten als mögliche Deutung ausgedrückt.

Viel Spaß beim Üben!

Mischen Sie die Karten erneut und breiten Sie diese dann wie gehabt vor sich auf dem Tisch aus. Wie zuvor beschrieben ziehen Sie nun wieder mit der linken Hand eine Karte.

Übrigens: Beim Kartenlegen ist es üblich, stets mit der linken Hand abzuheben und Karten zu ziehen, da die linke Seite die Herzseite und somit unsere intuitive Seite ist.

Sie ziehen beispielsweise

Nr. 22 *Wege* + **Nr. 9 *Blumen***
Neue Wege Großes Glück

Nun interpretieren Sie:

....

Meine eigene Interpretation:

Nr. 22 *Wege* + **Nr. 9 *Blumen***
Neue Wege großes Glück

> ➤ *Sie gehen neue Wege. Diese bringen Ihnen Glück*

Ein weiteres Beispiel:

Nr. 4 *Haus*   +   **Nr. 11** *Rute*
Häuslicher Bereich /Heim   *Ärger / Streit*

> ➤   *Im häuslichen Bereich wird es Streit geben /
> Es steht Ärger ins Haus*

Nun können wir diese Karten auch gleich weiter deuten:

> ➤   *Achten Sie darauf, Ärger im häuslichen Bereich
> zu vermeiden!*

Des Weiteren können wir uns fragen:

• *Wie geht der Streit im häuslichen Bereich aus?*

Hierzu ziehen wir erneut eine Karte, die uns die Antwort auf unsere Frage geben könnte: In diesem Beispiel handelt es sich um die Karte Nr. 2 *Klee.*

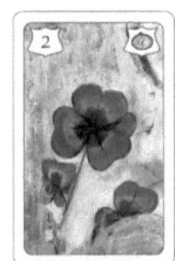

Nr. 4 *Haus* +   **Nr. 11** *Rute* +   **Nr. 2** *Klee*
Häusl Bereich   *Streit*   *Glück*

➢ *Der Streit im häuslichen Bereich wird wieder gut ausgehen.*

Achtung: *Hätten Sie die Karte Nr. 23 Ratte gezogen, so wäre die Interpretation negativ ausgefallen!*

  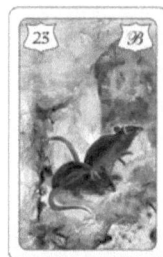

Nr. 4 *Haus* +   **Nr. 11 *Rute* +**   **Nr.23 *Ratte***
Häusl. Bereich   *Streit*   *Verlust, nagen*

➢ *Der Streit im häuslichen Bereich nagt unangenehm an Ihnen*
oder
➢ *Der Streit im Haus wird Verluste nach sich ziehen*

Übungen dieser Art sollten Sie nach Möglichkeit täglich durchführen. Auf diese Weise gewinnen Sie Sicherheit im Umgang mit Ihren Karten und lernen dabei die einzelnen Bedeutungen der Karten auf spielerische Weise kennen.

So werden Sie bald keine Schwierigkeiten mehr damit haben, die Bedeutung auszuwählen, die am besten in den jeweiligen Zusammenhang passt.

Noch ein Tipp am Rande:
Mit Hilfe dieser Übungen werden Sie relativ schnell verblüffende Fortschritte machen. Lassen Sie sich von diesem raschen Erfolg jedoch nicht dazu verführen, nun vorschnell zu mehreren Karten zu greifen und die Interpretationsübungen auf eigene Faust zu erweitern.

Beim Kartenlegen verhält es sich wie beim Erlernen eines Musikinstrumentes: Ungenauigkeiten und Fehler, die sich durch unsachgemäßes Üben im Laufe der Zeit eingeschlichen haben, lassen sich hinterher oftmals nur mühsam und zeitaufwändig wieder ausbügeln.

Zudem hindern sie uns daran, im Umgang mit unseren Instrumenten (in diesem Fall den Karten) leicht, frei, sicher und unverkrampft zu werden.

Üben Sie daher bitte stets in der vorgestellten Reihenfolge weiter.

❖ *Tipp*: Das Üben mit wenigen Karten wird Ihnen in diesem Stadium sicherlich leicht von der Hand gehen. Sollten Sie beim späteren Deuten ganzer Kartenbilder jedoch das Gefühl haben, nicht von der Stelle zu kommen, so versuchen Sie, auch in diesen Fällen noch einmal langsam Karte für Karte vorzugehen.

❖ *Eine weitere Hilfestellung*, die sämtliche Karten in Verbindung mit jeder einzelnen weiteren Karte des Decks enthält und diese verdeutlicht, finden Sie in meinem Zusatzband „Interpretationshilfe".

Zweiter Schritt

Mischen und Auslegen des Tableaus (großes Kartenbild)

Machen Sie es sich zur Angewohnheit, das Kartenlegen stets mit einem kleinen Ritual zu verbinden, in welchem Sie sich und Ihr Unterbewusstsein auf die folgende Kartenlegung ein-stimmen.
Das kann bereits das Anzünden einer Kerze oder das vorherige Zubereiten einer entspannenden Tasse Tee sein.

Keinesfalls sollten Sie die Karten „mal schnell" „zwischen Tür und Angel" hervorkramen und auslegen. Sonst übersehen Sie möglicherweise wichtige Aspekte und geraten mit Ihren Interpretationen in die Irre.

Auch das Mischen sollte bereits Teil der Einstimmung sein.

Mischen Sie die Karten daher mindestens sieben Mal und formulieren Sie während des Mischens Ihre Fragen in möglichst klarer Form.

Machen Sie sich dabei klar, was genau Sie von Ihren Karten während dieser Lesung erfahren möchten.

Ihr Unterbewusstsein weiß die Antworten auf all diese Fragen bereits.

Beispiele für mögliche Fragen:

- ❖ *Wie sieht es momentan mit mir und meinem Leben aus?*
- ❖ *Was könnte auf mich zukommen?*
- ❖ *Was war mit mir?*
- ❖ *Wie sieht es mit meiner Arbeit aus und*
- ❖ *wie geht es weiter?*
- ❖ *Wie sieht es mit meiner Ehe aus und*
- ❖ *wie wird es weitergehen?*
- ❖ *Kommt noch einmal eine neue Liebe auf mich zu?*

Auch wenn Sie vor Fragen und Tatendrang fast zu platzen scheinen:

Stellen Sie bitte nicht zu viele Fragen auf einmal. Sie könnten Ihr Unterbewusstsein dabei eventuell überfordern und keine zufrieden stellenden Antworten mehr erhalten.

Legen Sie jetzt die 36 Karten, wie in der Vorlage Nr. 1 Seite 42, gezeigt, mit der Bildseite nach oben aus:

4 Reihen zu je 8 Karten und
1 Reihe mit den restlichen 4 Karten

Nun haben wir das Kartenbild mit allen 36 Karten vor uns liegen.

Dieses Kartenbild wird auch als Großes Kartenbild, Tableau oder Grand Tableau bezeichnet.

Den im Folgenden aufgeführten Karten sollten Sie innerhalb des Tableaus besonderer Beachtung schenken:

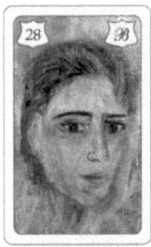

Nr. 28 *Mann*: Diese Karte bezieht sich auf den Fragesteller oder den Partner der Fragestellerin

Nr. 29 *Frau*: Diese Karte bezieht sich auf die Fragestellerin, oder aber auf die Partnerin eines männlichen Fragestellers.

Die erste Karte (links oben) des Tableaus. Diese Karte zeigt Ihnen auf einen Blick das Thema an, das momentan die größte und wichtigste Rolle im Leben der Fragesteller spielt. (siehe Vorlage 3, Seite 44)

Noch ein wichtiger Hinweis zum Gebrauch des Tableaus:

Befindet sich die Personenkarte der Rat suchenden Person Nr. 28 *Mann* oder Nr. 29 *Frau* am Anfang des Tableaus (innerhalb der ersten beiden Kartenreihen), so ist der Blick dieser Person in die Zukunft gerichtet.

Sie ist also zukunftsorientiert. (Siehe Vorlage 1, Seite 42)

Vorlage 1

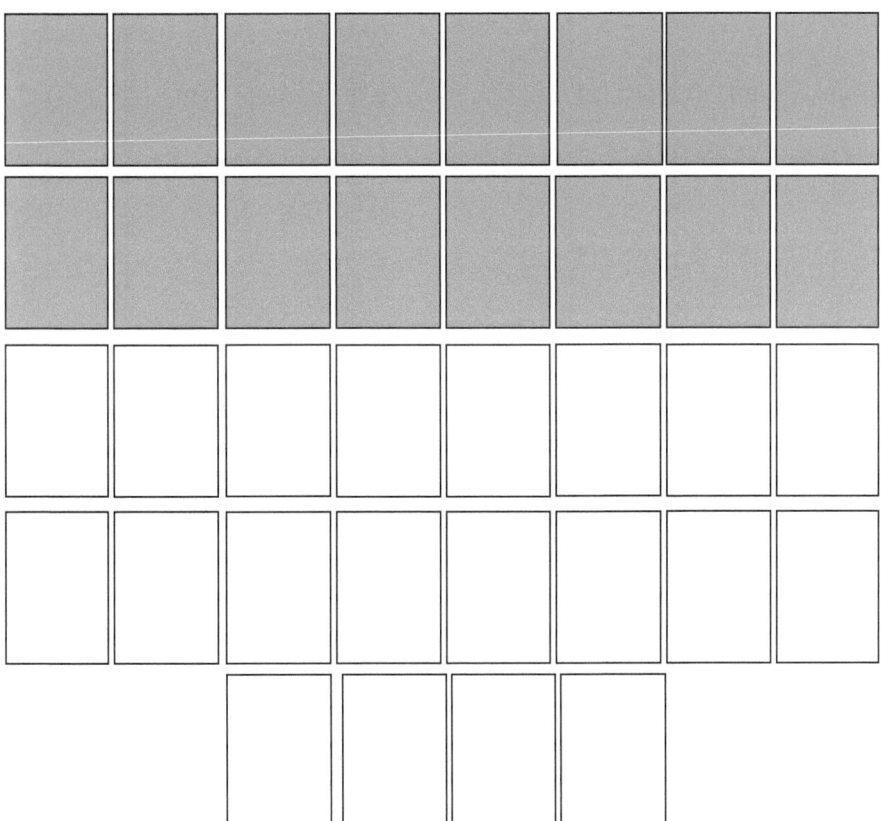

Befindet sich die Personenkarte der Rat suchenden Person
Nr. 28 *Mann* oder Nr. 29 *Frau* hingegen am Ende des Tableaus
(innerhalb der letzten beiden Kartenreihen), so denkt diese
Person noch oft an die Vergangenheit.
Solchen Menschen fällt es manchmal schwer, sich von Altem zu
lösen und Vergangenes ruhen zu lassen.
Sie neigen oftmals ein wenig zur Nostalgie. (Siehe Vorlage 2)

Vorlage 2

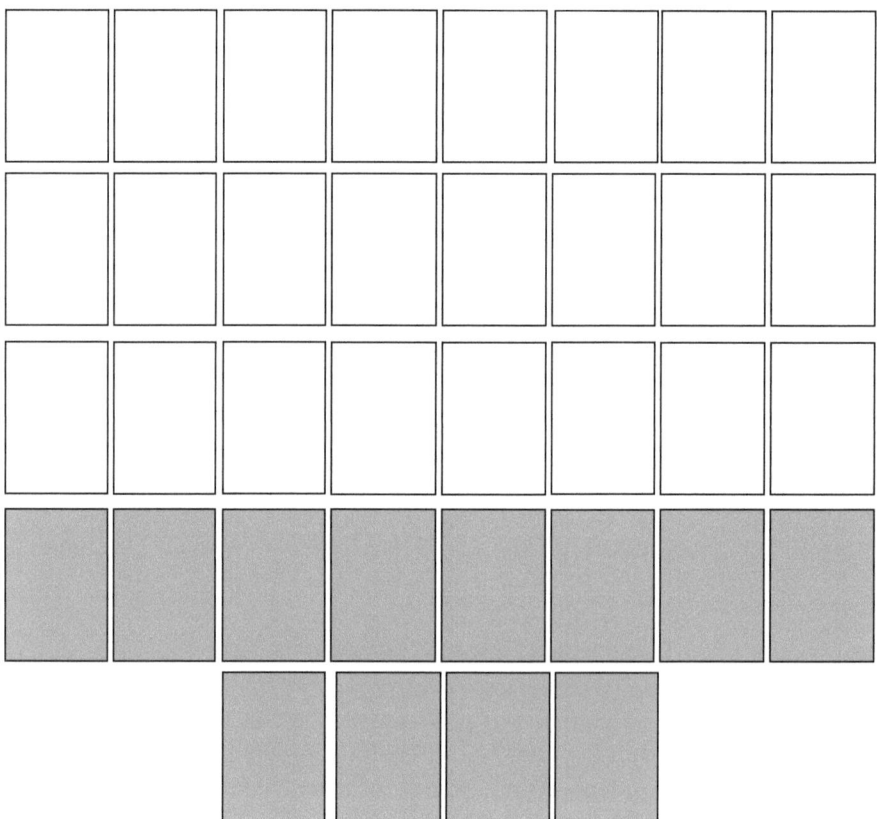

Die folgende Vorlage Nr. 3, Seite 44 soll uns noch einmal verdeutlichen, welche weitere Karte ebenfalls besonders beachtet werden sollte. Die allererste Karte des Tableaus (in der linken oberen Ecke) weist auf das momentan wichtigste Thema im Leben der Rat suchenden Person hin.
Im Tableau, Vorlage 3, Seite 44, dreht sich also alles um die Liebe (Nr. 24 *Herz*).

Vorlage 3

Nr. 24 Herz						

Sollte eine andere Karte als die Herzkarte an erster Stelle im Tableau liegen, so wäre diese andere Karte das Thema, um das sich das Leben der Rat suchenden Person momentan dreht. Dies könnte beispielsweise die Karte Nr. 19 (*Turm –* Arbeit, Ausbildung) oder auch die Karte Nr. 34 (*Fische* – Geld, finanzielle Angelegenheiten) sein.

Beispiele für mögliche Hauptthemen:

- ❖ Nr. 6 *Wolken*   Unklarheiten
- ❖ Nr. 19 *Turm*   Arbeit
- ❖ Nr. 23 *Ratte*   Ängste, Sorgen oder
                          Krankheiten
- ❖ Nr. 24 *Herz*   Liebe
- ❖ Nr. 25 *Ring*   Ehe oder Partnerschaft oder
- ❖ Nr. 28 *Mann*   der Partner oder
- ❖ Nr. 29 *Frau*   die Partnerin
- ❖ Nr. 34 *Fische*   Geld, Finanzen
- ❖ Nr. 36 *Anker*   Die Zukunft

.

Im ersten Schritt dieses Lehrbuches haben Sie ja bereits fleißig geübt, zwei oder auch bereits drei Karten miteinander zu verbinden, und die einzelnen Bedeutungen dann zu einer sinnvollen Gesamtaussage zusammen zu fassen.

Im Folgenden wollen wir diese Fähigkeit nun gemeinsam erweitern und lernen, eine ganze Kartenreihe von insgesamt acht Karten zusammenhängend zu lesen und zu interpretieren.

Wir deuten nun also eine waagrechte Kartenreihe von der ersten bis zur achten Karte

Nr.24 Herz →	Nr.6 Wolken →	Nr.12 Vögel →	Nr.28 Mann →	Nr.32 Mond →	Nr.21 Berg →	Nr.3 Schiff →	Nr.31 Sonne →

In der Liebe (Nr. 24 *Herz*) gibt es Unklarheiten (Nr. 6 *Wolken*) und Kummer (Nr. 12 *Vögel*) mit dem Partner (Nr. 28 *Mann*). Die Gefühle (Nr. 32 *Mond*) des Partners sind blockiert (Nr. 21 *Berg*). Es wäre vorteilhaft, eine kleine Reise (Nr. 3 *Schiff*) zu unternehmen, da diese sich sehr positiv auswirken würde (Nr. 31 *Sonne*).

Merken Sie sich:
Da die **Sonne** am Ende der obigen Kartenreihe liegt, ist diese Partnerschaft **gut**. Die Sonne am Ende dieser Reihe zeigt an, dass hier die positiven Gefühle und die Liebe überwiegen. Der Kummer und die Blockaden sind also lediglich Hindernisse, die es zu meistern und zu überwinden gilt.

Wenn nun aber eine negative Karte als achte Karte läge, das heißt am Ende einer Kartenreihe, so müsste man sich schon Gedanken über diese Partnerschaft machen.

Beispiel mit negativer achter Karte:

Nr.24 Herz →	Nr.6 Wolken →	Nr.12 Vögel →	Nr.28 Mann →	Nr.32 Mond →	Nr.21 Berg →	Nr.3 Schiff →	Nr.11 Rute →

In der Liebe (Nr. 24 *Herz*) gibt es Unklarheiten (Nr. 6 *Wolken*) und Kummer (Nr. 12 *Vögel*) mit dem Partner (Nr. 28 *Mann*). Die Gefühle (Nr. 32 *Mond*) des Partners sind blockiert (Nr. 21 *Berg*). Dieser Mann fühlt sich beengt und könnte aus der Beziehung ausbrechen und davon laufen (Nr. 3 *Schiff*). Ärger (Nr. 11 *Rute*) ist hier beinahe schon vorprogrammiert. (→Versuchen Sie, diese Situation von vorne herein zu entschärfen!)

Im nächsten Beispiel werden wir einen ganz neuen Schritt wagen:
Wir interpretieren nicht nur in eine Richtung (von links nach rechts), um eine momentane Situation zu analysieren, sondern von der Personenkarte von Nr.28 *Mann* aus gesehen nach rechts in die Zukunft, sowie von derselben Karte Nr.28 *Mann* aus gesehen nach links in die Vergangenheit.

Nr.4 Haus ←	Nr.11 Rute ←	Nr.12 Vögel ←	Nr.28 Mann	Nr.17 Storch →	Nr.6 Wolken →	Nr.16 Schiff →	Nr.9 Blumen →

Bitte interpretieren Sie die Zukunft von Nr. 28 *Mann* aus gesehen nach rechts:

....

Bitte interpretieren Sie die Vergangenheit von Nr. 28 *Mann* aus gesehen nach links:

....

Nun interpretieren Sie die Vergangenheit mit der Zukunft gemeinsam:

....

Mein persönlicher Lösungsvorschlag:

> *Dieser Mann Nr. 28 hatte in der*
> ***Vergangenheit*** *Kummer (Nr. 12, Vögel) und Ärger (Nr. 11 Rute) im häuslichen Bereich (Nr.4 Haus).*
> *In der **Zukunft** wird es in seinem Leben eine Veränderung (Nr. 17 Storch) geben, die jedoch noch nicht klar ersichtlich ist (Nr. 6 Wolken). Es wird jedoch alles gut für ihn ausgehen (Nr. 9 Blumen am Ende der Deutungsreihe).*

Dritter Schritt

Nun üben wir den
Momentan-Zustand und die nahe Zukunft

			denkt noch daran was ist oder war				
		es ist oder es ist gerade vorbei	Person oder Thema	es ist oder es kommt bald			
			so wird oder kommt es				

Auf den nachfolgen Seiten werden wir diese interessante Betrachtungsweise anhand einiger Beispiele erläutern.

In der Grafik auf der vorangehenden Seite erkennen wir bereits, wie wir einen so genannten Momentan-Zustand innerhalb eines großen Kartenbildes suchen und ausfindig machen können.

Selbstverständlich lässt sich diese Legeweise jedoch auch ohne das dazugehörige Tableau auslegen. In diesem Fall suchen Sie sich die Themenkarte, die Sie augenblicklich am stärksten interessiert und legen diese wie in der Vorlage gezeigt um die ausgewählte Themenkarte herum.

Bei der Interpretation des Momentan-Zustandes handelt es sich um eine Art Kurzdeutung, mit deren Hilfe wir jedoch bereits eine ganze Menge über die augenblickliche Lage einer Person, sowie kommende, also zukünftige, Entwicklungen erfahren können.

Machen Sie sich bitte keine Sorgen darüber, dass Sie unter Umständen beunruhigende Dinge aus Ihrer Zukunft entdecken könnten.

Ein Blick auf kommende Ereignisse
stellt keinesfalls unumgängliche Tatsachen
oder
unausweichliche Entwicklungen dar.

Vielmehr zeigt diese Art der Einsicht mögliche Entwicklungen oder Auswirkungen auf, die eintreten könnten, sofern wir nichts unternehmen, um ihr Entstehen von vorneherein zu verhindern.

Bei späteren Ereignissen handelt es sich lediglich um die Auswirkungen gegenwärtiger Ereignisse und Handlungen.
Unsere Zukunft ist ein Samenkorn, das wir in unserer Hand halten.

Ob wir dieses nun pflegen und zum Blühen bringen, oder es aber achtlos fallen und verdorren lassen, liegt ganz in unserer eigenen Macht.

Vorlage 4

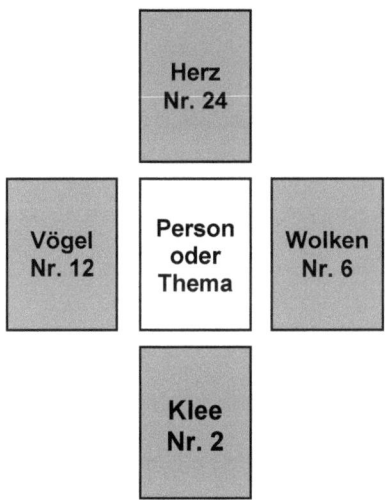

Betrachten Sie bitte die Vorlage 4, so dass Sie die einzelnen Schritte gleich nachvollziehen können.

Legen Sie nun

1. Nr. 28 *Mann* oder Nr. 29 *Frau* in die Mitte,
2. darüber die   Nr. 24   *Herz*   Liebe,
3. links von der Person die   Nr. 12   *Vögel*   Kummer,
4. rechts von der Person die   Nr. 6   *Wolken*   Unklarheiten,
5. unterhalb der Person die   Nr. 2   *Klee*   kleines Glück.

Nun verbinden wir diese Konstellationen im Zusammenhang:

1. Die Person denkt an die **Liebe.**
2. Vor kurzem hatte sie **Kummer.**
3. Im Augenblick gibt es noch **Unklarheiten.**
4. Es wird aber alles **gut** werden.

In der folgenden Übung zum Momentan-Zustand wollen wir bereits einen Schritt weiter gehen. Diesmal fassen wir die einzelnen Interpretationen zu einem sinnvollen Ganzen zusammen!

Vorlage 5

Nun verbinden Sie diese Konstellationen und interpretieren Sie diese in Ihren eigenen Worten:

1,……………………………………………………………………

2,……………………………………………………………………

3,………………………………………………………………………

4,………………………………………………………………………

Als nächstes fassen Sie diese 4 Punkte zu einem oder auch mehreren Sätzen zusammen.

………………………………………………………………………

………………………………………………………………………

………………………………………………………………………

Mein persönlicher Lösungsvorschlag

1. Die Gedanken dieses Mannes drehen sich um eine (ältere) Frau. (Bitte beachten Sie, dass es sich bei dieser Frau _nicht_ um seine Partnerin (Nr. 29) handelt).
2. Er liebt sie bereits seit längerer Zeit.
3. Derzeit ist diese Verbindung jedoch von Kumme überschattet.
4. Er fürchtet, sie könne neue Wege gehen und ihn verlassen.

Zusammenfassung:

> Dieser Mann sollte sich Gedanken um seine Partnerschaft oder Ehe machen. Seine Flucht in eine Beziehung außerhalb seiner bestehenden Partnerschaft hat ihm nicht die erhoffte Erfüllung gebracht.
> Die zusätzliche Sorge um seine Affäre belastet ihn lediglich stärker als je zuvor.

Mein persönlicher Ratschlag

Möchten Sie eine Trennung von Ihrer Geliebten verhindern, so können Sie nach einer Lösung suchen, indem Sie links und rechts der Karte Nr. 22 *Wege* die dort liegenden Karten betrachten. Diese Karten könnten Ihnen den Weg zeigen, der möglicherweise zur Lösung des Problems führt.

Sie sollten aber wissen, dass die Karten Ihnen immer nur unterschiedliche Möglich-keiten aufzeigen. Nichts davon ist bindend und es steht Ihnen natürlich jederzeit frei, Ihre Meinung zu ändern und einen anderen Weg einzuschlagen.

Nehmen Sie Ihr Leben und Schicksal selbst
in die Hand!!

Aus persönlicher Erfahrung kann ich Ihnen nur sagen: Wenn ich ein Problem habe und dazu einfach keine Lösung finde, dann schaue ich in die Karten, um mit ihrer Hilfe eine Lösungsmöglichkeit zu erkennen.

Wie Sie sicherlich selbst aus eigener Erfahrung wissen, hat man oft vor lauter Kummer und Problemen keinen klaren Blick mehr für die tatsächlichen Gegebenheiten und es fällt viel schwerer als sonst, die richtige Entscheidung oder Lösung des Problems zu finden.

Wie sagt man so schön:
Vor lauter Bäumen sieht man oft den Wald nicht.

Tipp: Sicher wird Ihnen bereits aufgefallen sein, dass gewisse Karten in Verbindung miteinander immer eine ganz bestimmte Aussage beinhalten.
Diese Art der Verbindung zweier Karten wird als „Kombination" bezeichnet.

In Schritt 4 dieses Buches werden wir noch einmal näher auf dieses Phänomen eingehen. An dieser Stelle möchte ich Ihnen jedoch vorab ein paar wichtige Kombinationen nennen, die Ihnen auch in diesem Lehrbuch immer wieder begegnen werden.

Kombinationen:

Nr. 4 *Haus* + Nr. 17	*Storch*	→ Umzug oder Renovierung
Nr. 5 *Baum* + Nr. 4	*Haus*	→ Grunderwerb, Hauserwerb, Eigentum
Nr. 25 *Ring* + Nr. 10	*Sense*	→ Scheidung oder Trennung
Nr. 23 *Ratte* + Nr. 24	*Herz*	→ Herzeleid / Liebeskummer
Nr. 23 *Ratte* + Nr. 16	*Sterne*	→ Traurigkeit, Depressionen
Nr. 8 *Sarg* + Nr. 33	*Schlüssel*	→ Kranke Gelenke, Arthritis, Tennisarm…

Werfen wir nun einmal einen Blick in ein großes Kartenbild!
Die Frage lautet: Wie steht es mit der Liebe?

Der Momentan-Zustand und die nahe Zukunft

Vorlage 6

	Nr. 23 Ratte						
Nr. 16 Sterne	Nr.24 Herz	Nr. 2 Klee					
	Nr. 9 Blumen						

Betrachten Sie die Karte Nr. 24 im großen Kartenbild.
Sie erinnern sich? Hier fragten wir nach der Liebe!

56

Auch in diesem Beispiel (Siehe Vorlage 6) werden wir wieder in der üblichen Reihenfolge vorgehen. Bitte interpretieren Sie den Momentanzustand nun also im Bezug auf das große Thema *„Liebe"*

1. ....

2. ....

3. ....

4. ....

Fassen Sie jetzt die einzelnen Interpretationen zu einem Satz oder einem kurzen Text zusammen.
Lassen Sie Ihre Intuition auch hier wieder spontan einfließen.

....

Wie Sie sehen, ist das Kartenlegen gar nicht so schwer. Vergessen Sie dabei nur nicht, weiterhin jeden Tag fleißig zu üben!

Meine eigene Interpretation (Zusammenfassung):

> *Auf großes Herzeleid (Nr.23 Ratte + Nr.24 Herz)
> und Traurigkeit (Nr. 23 Ratte + Nr. 16 Sterne) in der
> Vergangenheit folgt wieder eine wunderschöne und
> große Liebe (Nr. 24 Herz+ Nr.2 Klee + Nr.9 Blumen)*

Kombination
Nr.23 *Ratte* + Nr.24 *Herz*   Herzeleid, Liebeskummer
oder   nach Herzensleid wieder Liebe
Nr.23 *Ratte* + Nr.16 *Sterne*   Traurigkeit, Depressionen

Vierter Schritt

Waagrechte und senkrechte Deutungslinie

Der nächste Schritt führt uns bereits zu den waagrechten und senkrechten Deutungslinien im großen Tableau.

<u>Wichtig</u>:
Beim Kartenlegen und Kartendeuten sind die waagrechten und senk-rechten Deutungslinien besonders zu beachten. Hierbei handelt es sich um die *Hauptdeutungslinien beim Interpretieren.*

Daher müssen diese Linien vorrangig betrachtet und interpretiert werden. Diese Vorgehensweise gilt übrigens für alle Themenkarten, die innerhalb eines Tableaus gedeutet werden.
Wollen wir jedoch erfahren, woraus und woher derzeitige Schwierigkeiten entstanden sind, so ersehen wir diese Entwicklungen nur aus **der Deutungslinie der Vergangenheit.**
Dies bedeutet:

Haben Sie jetzt in der Gegenwart Schwierigkeiten in der Liebe, so könnten Sie aus der Vergangenheit ersehen, woraus sich diese Schwierigkeiten entwickelt haben.

Ursachen kommen aus der Vergangenheit!

Vergessen Sie deshalb bitte nicht, auch stets einen Blick in die Vergangenheit zu werfen, wenn Sie Gegenwärtiges in den Karten näherer Betrachtung unterziehen.
Bei dieser Gelegenheit erfahren Sie nicht nur gleich eine ganze Menge über sich selbst und Ihre üblichen Vorgehensweisen, Sie können auch aus vergangenen Fehlern lernen und ähnliche Probleme in der Zukunft im Keim ersticken.

Nutzen Sie diese Analyse Ihrer Vergangenheit, um sich und Ihre Mitmenschen besser zu verstehen und neue Erkenntnisse zu erlangen, die Sie auf Ihrem Lebensweg wieder ein gutes Stück voran bringen werden!

Waagrechte und senkrechte Deutungslinien
der Vergangenheit und der Zukunft

Vorlage 7

					Ver-gangen-heit ↑		
Ver-gangen-heit ←	Ver-gangen-heit ←	Ver-gangen-heit ←	Ver-gangen-heit ←	Ver-gangen-heit ←	Person oder Thema	Zu-kunft →	Zu-kunft →
					↓ Zu-kunft		
					↓ Zu-kunft		
				↓ Zu-kunft			

Sicher ist auch Ihnen schon aufgefallen, dass es beim Karten-legen immer wieder zu Situationen kommen kann, in welchen gewisse Karten innerhalb des zu interpretierenden Kartenbildes einfach keinen rechten Sinn ergeben wollen.

So sehr Sie sich auch bemühen einen logischen Zusammenhang zu erkennen, diese Karten passen einfach nicht in das Bild, das Sie sich von der zu deutenden Situation gemacht haben.

Auch an dieser Stelle kann ich Ihnen nur raten, sich keine unnötigen Gedanken oder gar Sorgen zu machen.
Derartiges kommt immer wieder einmal vor und ist vollkommen normal.

Es liegt sicher nicht an Ihnen und kommt bei den besten Kartenlegern vor. Verlieren Sie deshalb die Freude am Karten-lesen nicht.

Die möglichen Gründe für dieses kleine Interpretationsproblem sind vielfältig. Vielleicht ergeben diese Karten ja innerhalb einer ganz anderen Deutungslinie sehr wohl einen Sinn.
Unter Umständen halten Sie Ihren Blick auch zu starr in eine Richtung und erkennen all die weiteren Möglichkeiten gar nicht an.
Möglicherweise sind Sie aber augenblicklich auch nur zu müde, um sich entsprechend zu konzentrieren, so dass Sie momentan einfach keine sinnvolle Aussage machen können.

Was auch immer der Grund für diese Interpretations-schwierigkeiten sein mag:
Kümmern Sie sich nicht weiter darum und übergehen Sie diese Karten einfach. Vielleicht kommt Ihnen ja später eine „Erleuchtung".

Ich selbst lege beispielsweise niemals die Karten, wenn ich mich einmal krank, überlastet, müde, oder ganz einfach in meiner Haut nicht wohl fühle.

Auch abschweifende Gedanken, Lärmbelästigung oder Ab-lenkungen von Außen können unsere Interpretationsfähigkeit negativ beeinflussen.

Die Frage lautet:
Wie steht es um meine Gesundheit?

Momentan-Zustand, Vergangenheit, die nahe
Zukunft (Fragerin)

Vorlage 8

						Nr.2 Klee ↑	
						Nr.11 Rute ↑	
Nr.25 Ring ←	Nr.10 Sense ←	Nr.6 Wolken ←	Nr.29 Frau ←	Nr.23 Ratte ←	Nr.16 Sterne ←	Nr.8 Sarg	Nr.14 Fuchs →
						↓ Nr.33 Schlüs- sel	

Das Thema lautet

❖ *Wie steht es um die Gesundheit dieser Frau?*

Achten Sie im großen Kartenbild auf die Karte Nr. 8 *Sarg* (siehe Vorlage 8), sowie auf die Nr. 29 *Frau*.
Anschließend interpretieren Sie die Lage bitte in Ihren eigenen Worten!

Wichtig:
Achten Sie bitte auf die Kombinationen!

....

....

Meine Interpretation:

➢ *Nr. 29 Frau ist geschieden (25 + 10) und macht sich viele Gedanken. Sie ist traurig und leidet sehr unter ihrer Lage. Hier drohen ernstliche Depressionen (23 + 16). Zudem wird ihr Alltag von Ängsten beherrscht (Nr.23). Vorbeugend sollte Sie auf ihre Gelenke achten (Nr.8 Sarg + Nr.33 Schlüssel), da Gelenkschmerzen leicht chronisch werden können. (Nr.8 + 33 + 11 + 14 mit Fuchs chronisch). Die nervlichen Belastungen (8 + 2) begannen bereits in der **Vergangenheit** und lassen sich leicht auf die Ehescheidung (25 + 10) zurückführen.*

Kombination:

Nr. 25 *Ring* + Nr. 10 *Sense*		Scheidung
Nr. 8 *Sarg* + Nr. 33 *Schlüssel*		Gelenke, Tennisarm
Nr. 8 *Sarg* + Nr. 2 Klee		Nerven

ACHTUNG: Wichtiger Hinweis

Bei den Karten **Nr. 8** *Sarg* und **Nr. 23** *Ratte* handelt es sich um so genannte Negativ- oder Krankheitskarten. In gewissen Konstellationen und Kombinationen können diese Karten also auf bestimmte Krankheiten **hinweisen.**

Hinweise auf Krankheiten sollten Sie in Gesprächen jedoch nur geben, wenn Sie sich Ihrer Sache ganz sicher sind, und selbst dann sollten Sie keine medizinische Diagnosen stellen, sondern Ihr Gegenüber lediglich darauf aufmerksam machen, doch auf sein Herz/Venen/Magen etc. zu achten, oder, wenn er oder sie sich tatsächlich bereits nicht wohl fühlen sollte, einen Arzt oder Heilpraktiker aufzusuchen.

Bedenken Sie bitte:
Selbst Krankenschwestern und –Pfleger mit langjähriger Berufs-erfahrung dürfen in unserem Land keine Diagnosen stellen, da durch eine falsche Vermutung großer Schaden erstehen kann.

Versetzen Sie Ihre Mitmenschen
also bitte nicht unnötig in Panik!

Auch private Probleme stellen stets einen besonders heiklen Themenbereich dar und Aussagen hierzu könnten rasch als unerwünschte Einmischung verstanden werden.
Respektieren Sie in diesem Fall die Wünsche Ihres Gegenübers und machen Sie keine Aussagen zu einem Thema, über das der Andere nichts hören oder wissen möchte.
Dies könnte etwa Krankheiten in der Familie oder im Freundes-kreis betreffen, oder auch Ehe- und Beziehungsprobleme aller Art.

Ein weiteres Beispiel:

Dieser Mann plant einen Umzug.

Vorlage 9

				Nr.12 Vögel ↑			
				Nr.28 Mann			
				↓ Nr. 4 Haus			
				↓ Nr.17 Storch			
		↓ → Nr.34 Fische	→ Nr.31 Sonne				

Der Mann in obigem Beispiel plant einen Umzug.

Würden Sie ihm in diesem Fall eher zu- oder abraten?
Beachten Sie die Personenkarte Nr. 28 *Mann*, sowie die
Kombination Nr. 4 *Haus* und Nr. 17 *Storch* (siehe Vorlage).
Nun interpretieren Sie die Lage!

Achten Sie bitte auf die weiteren Kartenverbindungen!

....

Meine eigene Interpretation:

> *Dieser Mann überlegt (Nr.12), ob er umziehen soll.
> Ich persönlich würde ihm zu dem Umzug (Nr.4
> Haus+ Nr.17 Storch) raten, da die Karten Nr. 34
> Fische + Nr.31 Sonne am Ende der Deutungslinie
> liegen.*

Läge jedoch eine negative Karte an Stelle der Nr. 31 *Sonne*
am Ende der Deutungslinie (beispielsweise die Karte Nr. 23
Ratte), so bekäme er durch diesen Umzug finanzielle
Schwierigkeiten.

Kombination
Nr.4 *Haus* + Nr.17 *Storch* * Umzug oder Renovierung

 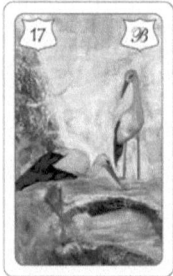

 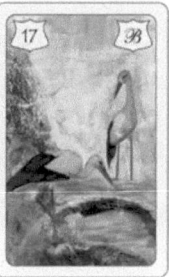 

Dieser Umzug
wird sich
positiv auswirken.

 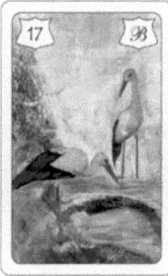 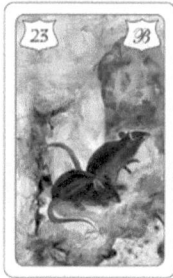

Der Umzug
wird sich
negativ auswirken.

Fünfter Schritt

Diagonale, senkrechte und waagrechte Deutungslinien der Vergangenheit und der Zukunft

Vorlage 10

	Ver-gangen-heit ↖		Ver-gangen-heit ↑		Ver-gangen-heit ↗		
		Ver-gangen-heit ↖	Ver-gangen-heit ↑	Ver-gangen-heit ↗			
Ver-gangen-heit ←	Ver-gangen-heit ←	Ver-gangen-heit ←	Person oder Thema	Zu-kunft →	Zu-kunft →	Zu-kunft →	Zu-kunft →
		Zu-kunft ↙	Zu-kunft ↓	Zu-kunft ↘			
		Zu-kunft ↓		Zu-kunft ↘			

Sie interpretieren bitte wie zuvor zunächst die waagrechte und im Anschluss daran die senkrechte Deutungslinie. Vergessen Sie nie, dass es sich hier stets um die *Hauptdeutungslinien* handelt.

Die diagonalen Deutungslinien zeigen weitere Möglichkeiten, **aber eben nur Möglichkeiten**, bezüglich des ausgewählten Themas an. Diese Linien können dabei sowohl eine negative als auch eine positive Aussage beinhalten.

**Kümmern Sie sich jedoch bitte in jedem Fall
zuerst um
die beiden wichtigsten Linien
die Hauptdeutungslinien!**

Möchten Sie etwas über ein bestimmtes Thema (Liebe, Arbeit, Ehe usw.) wissen, so orientieren Sie sich an Vorlage 10. Ganz gleich, wo die Themenkarte in dem von Ihnen ausgelegten Tableau auch liegen mag.

**Bleiben Sie immer innerhalb einer Deutungslinie
und gehen Sie nach
demselben System vor.**

Lassen Sie sich Zeit, wenn Sie in die Deutungslinien schauen, sonst besteht leicht die Gefahr, wichtige Dinge zu übersehen, woraufhin es schnell zu Fehlinterpretationen kommen kann.

Erschrecken Sie bitte nicht, wenn es im folgenden Schritt bereits ein wenig schwieriger wird.

Mittlerweile haben Sie so viel geübt, daß es Ihnen nicht schwer fallen wird, ein Thema in einem Kartenbild zu entdecken und dieses dann auch selbständig zu interpretieren.

Zur Erleichterung ziehen wir die Vorlage Fische heran. Zuerst interpretieren wir waagrecht und senkrecht, so dass Sie die Interpretation besser nachvollziehen können. Im Anschluss daran interpretieren wir dann die diagonalen Deutungslinien.

Viel Glück und Erfolg beim Lösen!

Übungsblatt Fische: Finanzen
waagrecht und senkrecht

Vorlage 11

					Nr.5 Baum ↑		
					Nr.4 Haus ↑		
					Nr.23 Ratte ↑		
Nr.31 Sonne ←	Nr.9 Blumen ←	Nr.19 Turm ←	Nr.11 Rute ←	Nr.1 Reiter ←	Nr.34 Fische	Nr.12 Vögel →	Nr.6 Wolken →
			↓ Nr.2 Klee				

Nun interpretieren Sie das vorangehende Thema und achten Sie auch hier wieder auf **mögliche Kombinationen!**

Welche Kombination/en erkennen Sie im Kartenbild?

....

Interpretation der waagrechten Deutngslinie:

....

Interpretation der senkrechten Deutngslinie:

....

Ihr Ratschlag:

....

Meine persönliche Interpretation:

Die Frage war: *Wie sieht es mit den Finanzen aus?*

➢ *Ich schaue zuerst in die **Zukunft**. Kummer und Ärger mit den Finanzen lösen sich wieder auf. Es kann also alles wieder gut werden.*
➢ *Nun schaue ich in die **Vergangenheit**, um zu sehen, woraus dieser Kummer entstand: Beruflich war man zunächst sehr erfolgreich. Durch einen Hauserwerb (Karte Nr. 5 und Nr. 4 bedeuten Eigentum) kamen jedoch finanzielle Probleme auf. Diese wirkten sich auch auf den beruflichen Alltag aus. So gab es auch bei der Arbeit Streit aufgrund dieser Probleme.*
➢ *Zum guten Schluss könnte man noch sagen, beziehungsweise betonen: Seien Sie sehr vorsichtig mit Ihren Geldausgaben, dann kann alles wieder in Ordnung kommen.*

73

Diagonale, senkrechte und waagrechte Deutungslinien der Vergangenheit und der Zukunft im Zusammenhang

Fische: Finanzen

Vorlage 12

		Nr.10 Sense ↖			Nr.5 Baum ↑		
			Nr.14 Fuchs ↖		Nr.4 Haus ↑		Nr.25 Ring ↗
				Nr.22 Wege ↖	Nr.23 Ratte ↑	Nr.21 Berg ↗	
Nr.31 Sonne ←	Nr.9 Blumen ←	Nr.19 Turm ←	Nr.11 Rute ←	Nr.1 Reiter ←	Nr.34 Fische	Nr.12 Vögel →	Nr.6 Wolken →
		↙ Nr.33 Schlüssel	↓ Nr.2 Klee				

Im Folgenden ziehen wir auch die diagonalen Deutungslinien zu unserer Interpretation hinzu.

Interpretieren Sie bitte wie zuvor zunächst die waagrechte und im Anschluss daran die senkrechte Deutungslinie. Gehen Sie dann zu den Diagonalen über.

Vergangenheit waagrecht:

....

Vergangenheit senkrecht:

....

Vergangenheit diagonal rechts:

....

Vergangenheit diagonal links

....

Zukunft waagrecht:

....

Zukunft senkrecht:

....

Zukunft diagonal rechts:

....

Zusammenfassung:

....

....

....

Meine persönliche Interpretation

➤ Für die Vergangenheit:
Beruflich hatte man großen Erfolg. Aufgrund eines Hauserwerbs kamen jedoch finanzielle Probleme auf. Diese wirkten sich auch auf die berufliche Leistungsfähigkeit aus und führten zu Streit und Unfrieden.

➤ Nun schaue ich in die diagonale Deutungslinie:
Da diese Geldprobleme auch die Ehe belasteten, musste man diplomatische Entscheidungen treffen.

➤ Für die Zukunft in der diagonalen Deutungslinie:
Die Zukunft könnte durch aktives Handeln positiv beeinflusst werden.(siehe Karte Nr. 33 Schlüssel + Karte Nr. 2 Klee)

➤ Zusammenfassung:
Ausgaben und Entscheidungen sollten gut überlegt sein. So wird sich alles wieder zum Positiven wenden und der Kummer und die Belastungen könnten sich auflösen.

Sechster Schritt

Das große Kartenbild Herausnehmen jeder 5. Karte

Vorlage 13

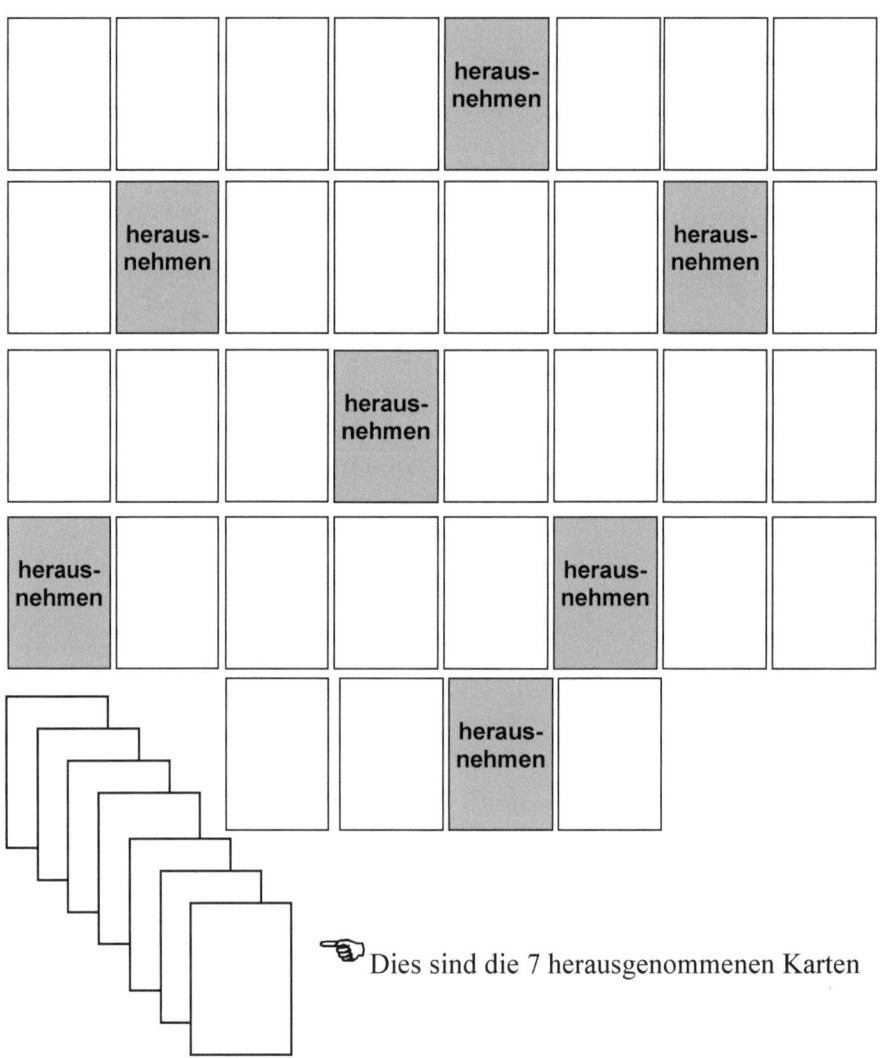

☞ Dies sind die 7 herausgenommenen Karten

Durch das Herausnehmen jeder 5. Karte aus dem Tableau können Sie zusätzliche Aussagen über ein Thema gewinnen, das Sie derzeit besonders interessiert. Bitte beachten Sie, dass es sich hierbei lediglich um eine zusätzliche Möglichkeit handelt. Wenden Sie diese daher nur an, wenn Sie eine weitere Bestätigung einer Vermutung wünschen.

Abdecken des großen Kartenbildes

Nehmen Sie jede fünfte Karte aus dem großen Kartenbild (Vorlage 13) heraus. Die so erhaltenen sieben Karten mischen und verteilen Sie mit **der Bildseite nach unten** auf dem Tisch.

Danach betrachten Sie das große Kartenbild. Überlegen Sie, zu welchem Thema Sie eine weitere Karte legen wollen. Konzentrieren Sie sich. Sie wissen, dass die Karten dann klarere Aussage machen.

Ziehen Sie eine der 7 Karten und legen Sie diese verdeckt (Bildseite nach unten) auf eine Karte im Tableau, über die Sie genaueres erfahren möchten, wie beispielsweise die Karte Nr. 28 *Mann*.

Ziehen Sie danach eine zweite Karte und legen diese auf eine weitere interessante Karte, wie beispielsweise Nr. 29 *Frau*.

Nun folgt die dritte Karte auf Ihr jeweiliges Thema (Liebe, Ehe, Arbeit, Geld usw.).

So verfahren Sie weiter bis alle 7 Karten verdeckt auf einer Themen- oder Personenkarte im Tableau liegen. Danach decken Sie eine der abgedeckten Karten nach der anderen auf und deuten die so entstandenen Kartenpaare.

Beispiel:
Sie legten eine Karte auf die Nr. 24 *Herz* und deckten sie auf. Es handelte sich um die Karte Nr. 2 *Klee*.

Nr. 24 *Herz*   **+**   **Nr. 2 *Klee***
Liebe   *kleines Glück*
Nun interpretieren Sie:

....
.....

oder

Sie ziehen die Karte Nr. 23 *Ratte* und legen diese auf die Karte Nr. 29 *Frau*.

Nr. 29 *Frau*   **+**   **Nr. 23 *Ratte***

....

Meine Interpretation wäre:

> ➢ *Das 1. Kartenpaar sagt aus: In der Liebe hat diese Frau Glück*
> ➢ *Das 2. Kartenpaar sagt aus: Diese Frau Nr. 29 hat Angst*

Nun interpretieren wir zu einer sinnvollen Aussage:

> ➢ *Diese Frau hat Glück in der Liebe und fürchtet zugleich, diese Liebe wieder zu verlieren.*

Siebter Schritt

Was sind Kombinationen?
Wie erkennt man sie im großen Kartenbild?

Kombinationen sind Verbindungen aus zwei (manchmal auch 3 oder 4) Karten, die zusammengehören und gemeinsam eine bestimmte Aussage beinhalten.

Da diese Aussagen mitunter sehr spezieller Natur sind, dürfen Kombinationen in einem Kartenbild nicht leichtfertig übersehen und übergangen werden.

In den meisten Fällen handelt es sich um benachbarte Karten, zuweilen können sie jedoch auch etwas voneinander entfernt liegen. Sie befinden sich jedoch in jedem Fall innerhalb derselben Deutungslinie!

Wichtig: Bleiben Sie bitte immer innerhalb **einer Deutungslinie**. Das bedeutet entweder in der waagrechten, senkrechten, oder der diagonalen Deutungslinie.

Ganz gleich, ob die Karten direkt nebeneinander oder etwas entfernt von- einander liegen, springen Sie bitte **niemals** von einer auf eine andere **Deutungslinie** über!

Einige wichtige Kombinationen:

Neben den bereits angesprochenen Kombinationen, sind die folgenden ebenfalls von großer Wichtigkeit!

Nr. 25 Ring   *Heirat oder*
Nr. 9 Blumen   *Zusammenleben*

Nr. 15 Bär (Nr. 18 Hund)   *Geliebter von Nr. 29*
Nr. 24 Herz
Nr. 33 Schlüssel

Nr. 7 Schlange (Nr. 13 Kind)
Nr. 24 Herz
Nr. 33 Schlüssel   *Geliebte von Nr. 28*

Nr. 23 Ratte   *Nach Enttäuschung*
Nr. 24 Herz   *wieder Liebe*

Nr. 14 Fuchs
Nr. 23 Ratte   *Betrug*

Nr. 34 Fische
Nr. 27 Brief   *Vorsicht mit Verträgen*
Nr. 23 Ratte   *sonst droht großer Verlust*

Nr. 25 Ring   *Jeder geht seiner Wege*
Nr. 22 Wege   *(eventuell Trennung)*

Nr. 25 Ring Nr. 10 Sense	*Scheidung*
Nr. 25 Ring Nr. 16 Sterne Nr. 23 Ratte	*Man leidet in der Ehe solange, bis man die Angst vor der Trennung überwunden hat.*
Nr. 34 Fische Nr. 11 Rute Nr. 33 Schlüssel	*großer Ärger wegen Zahlungsschwierigkeiten*
Nr. 34 Fische Nr. 8 Sarg	*Achtung: auf Ernährung achten!*

Zukunftsdeutungslinie Ring
waagrecht, senkrecht und diagonal

Vorlage 14

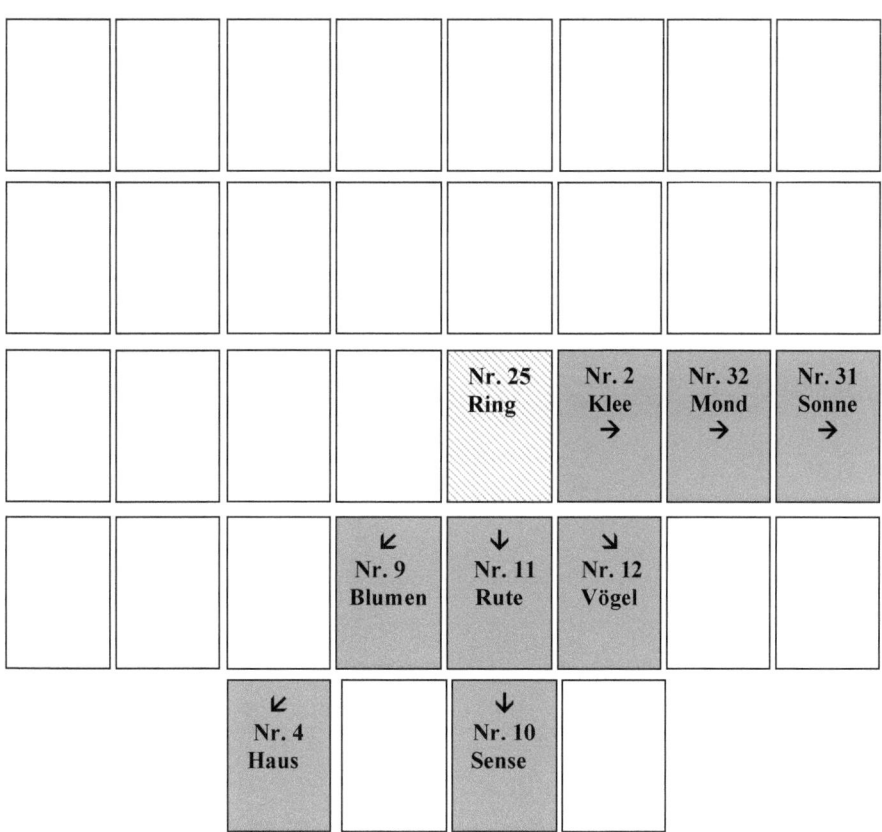

Ein kleiner Hinweis, ehe wir mit der Deutung des vorangehenden Bildes beginnen:
An dieser Stelle möchte ich Sie noch einmal darauf hinweisen, wie wichtig es ist, die Karten stets in der richtigen Reihenfolge zu deuten. Dies gilt insbesondere in Bezug auf die Kombinationen.

In den unten angeführten Beispielen möchte ich mich noch einmal auf das Thema Scheidung oder Trennung beziehen. Dieses Thema greife ich nicht ohne Grund immer wieder auf:

Neben Fragen zur Liebe oder zur Arbeit allgemein handelt es sich hier um eines der Themen, die in Kartenbildern immer wieder bevorzugt gesucht und gedeutet werden.

Bitte Interpretieren Sie

waagrecht: ……………………………………………………………

……………………………………………………………………………

senkrecht: ……………………………………………………………

……………………………………………………………………………

diagonal links: …………………………………………………………

……………………………………………………………………………

diagonal rechts: ………………………………………………………

……………………………………………………………………………

Nun fassen Sie die einzelnen Aussagen zu einer sinnvollen Interpretation zusammen!

……………………………………………………………………………

……………………………………………………………………………

Die folgenden Lösungsvorschläge entspringen meiner

persönlichen Intuition.
Sie stellen wieder nur eine *mögliche Deutung* dar.

> **Waagrecht:**
> *Diese Partnerschaft verläuft glücklich, gefühlvoll und positiv.*

> **Senkrecht:**
> *Bald wird es zu Streitereien kommen. Die Partnerschaft könnte auseinander brechen.*

> **Diagonale links:**
> *Die Partnerschaft sollte/ müsste harmonisch verlaufen. (Die Partner sollten sich bemühen, einander zu verstehen.)*

> **Diagonal rechts:**
> *Um diese Harmonie müssen sich beide Partner bemühen.*

> **Zusammenfassung:**
> *Augenblicklich ist diese Partnerschaft glücklich. Jedoch müssen sich beide Partner im häuslichen Bereich um Harmonie und Frieden bemühen. Ständige Streitereien belasten jede Partnerschaft und sollten daher nach Möglichkeit vermieden werden. Es besteht sonst nämlich die Gefahr des Scheiterns der Beziehung (Scheidung oder Trennung).*

Testen Sie sich

Die Lösungen zu den unten stehenden Fragen finden Sie auf der letzten Seite dieses Lehrbuches.

1. Ist die erste Karte im Kartenbild eine wichtige Karte?

....

2. Was bedeutet es, wenn eine Frau (Fragerin) die Karten mischt und dann die erste Karte im großen Kartenbild die Nr. 29 ist?

     1.   Sie ist zukunftsorientiert.
     2.   Sie schaut in die Vergangenheit.
     3.   Sie muss eine Entscheidung fällen.

....

3. Was bedeutet es, wenn eine Frau (Fragerin) die Karten mischt und dann die letzte Karte im großen Kartenbild die Nr. 29 ist?

     1.   Sie ist zukunftsorientiert.
     2.   Sie denkt an die Vergangenheit.
     3.   Sie leidet unter einer Trennung.
     4.   Müssen immer alle Karten im Tableau gedeutet werden?

....
..

5.   Weshalb ist es wichtig, die erste Karte zuerst anzusehen?

        1.   Sie zeigt den Ausgang des Problems an.
        2.   Sie zeigt an, was innerhalb der nächsten Zeit eintreffen wird.
        3.   Sie zeigt das momentan wichtigste Thema an.

....

6.   Welche Kartenkombination zeigt an, dass eine Person geschieden ist?

....
.

7.   Ist es wichtig, welche Karte im großen Kartenbild neben dem Frager oder der Fragerin liegt?

....
.

8.   Ist es wichtig, welche Karte im großen Kartenbild neben der Arbeit, Liebe, Ehe, Finanzen usw. liegt?

....
.

9.   Ist es wichtig, auf Kombinationen zu achten?

....
.

90

Schlusswort

Der vorliegende Kompaktkurs *„Britta führt Sie mit
7 schnellen Schritten in das Kartenlegen ein"* dient dem
schnellen und kurzweiligen Einstieg in die faszinierende Welt
des Kartenlegens.

Bei den Kenntnissen, die Ihnen in diesem Band vermittelt
wurden, handelt es sich um die wichtigsten Grundlagen
dieser jahrhundertealten Kunst.

Mit Hilfe der Übungen und Beispieltableaus, sowie der
vorgestellten Legetechniken, sollte es Ihnen nun nicht länger
schwer fallen, Ihre Lenormandkarten zu den unterschied-
lichsten Themen in einfacher und spielerischer Art und Weise
heranzuziehen und sich so immer wieder Rat und Hilfe für Ihr
Leben zu holen.

Diese kleinen Übungen, sowie auch das tägliche Ziehen
einer Tageskarte, werden Ihnen bereits durch die
Beschäftigung mit sich selbst und Ihrem Inneren, dabei
helfen, zu sich zu finden und sich selbst besser kennen und
verstehen zu lernen.

Gönnen Sie sich also diese kleinen Auszeiten und lassen Sie
sich von niemandem aus Ihrer inneren Ruhe bringen.

Der vorliegende Kompaktkurs fasst die wichtigsten Schritte
zum ersten Erlernen des Kartenlegens in wenigen Punkten
kurz und knapp zusammen und richtet sich daher an
Interessierte aller Sparten und Ausbildungsstadien.

Dieses Lehrwerk ist somit auch als Geschenk-Idee für Hobbykartenleger, Freunde und Verwandte gleichermaßen gut geeignet.

Wenn Sie Ihre Freude am Kartenlegen, ja vielleicht sogar ein Ihnen bis dato verborgenes Talent, entdeckt haben und tiefer in die Materie des Kartenlegens vordringen möchten, so empfehle ich Ihnen

den großen Selbstlernkurs.

Näheres zu diesen Bänden finden Sie auf den folgenden Seiten, sowie auf meiner Website www.kartenlegekurse.de

Ihre Britta

Tarot leicht erlernbar

Kompaktkurs
einfach und schnell mit den großen Arkanen

Dieses einmalige, unvergleichliche Lehrsystem bietet einen leicht nachvollziehbaren und klaren Einstieg in die Welt des Tarot.

Die Karten werden Schritt für Schritt verständlich gemacht, wobei sich diese Technik zunächst ausschließlich der großen Arkanen bedient.
Selbst Partnerschaften und Beziehungen von Menschen untereinander lassen sich mit diesen Karten bereits genauer analysieren.

Zahlreiche Beispiele und Übungen mit Lösungsvorschlägen und Interpretationshilfen bringen Licht in das Dunkel, das Hobbykartenlegern den Umgang mit den Tarotkarten so lange unnötig erschwert hat.

Ferner bietet Ihnen dieses Buch ein kleines Lexikon der wichtigsten Tarotbegriffe, einen Überblick über die Bedeutung der Tarotkarten als Tageskarten, sowie einen kleinen Einstieg in die Numerologie für das Tarot.

Zusätzlich: Kurzbedeutungen im Hinblick auf: Liebe, Finanzen, Beruf und allgemeine Charaktereigenschaften

Zigeuner-Wahrsagekarten leicht erlernbar

**Kompaktkurs
in vier Schritten zum erfolgreichen Kartenlegen**

Die Autorin und Kartenlegerin Britta Kienle widmet sich in
diesem Band den beliebten Zigeunerkarten,
die vielen Interessierten als einfacher und schnell zu erlernender
Einstieg in die Welt der Wahrsagekarten dienen können.

- Die 36 Zigeunerkarten und ihre Bedeutungen
- Das Ziehen einer Tageskarte, verschiedene Legesysteme
- Das schnelle Erkennen von Verbindungen, erste Kartenbilder
- Das kleine Kreuz und seine Erweiterung
- Zusätzliches Abdecken ausgewählter Karten
- Kombinationen und weitere Besonderheiten, Zukunfts- und
- Zeitkarten, Jahreszeiten, alle Personenkarten im Überblick
- Zahlreiche Tipps und bildliche Darstellungen, Übungen und
  Lösungsvorschläge

Kipperkarten leicht erlernbar

**Kompaktkurs
in vier Schritten zum erfolgreichen Kartenlegen**

Die seit Jahrhunderten beliebten Kipperkarten werden hier in einem
einzigartigen, leicht nachvollziehbaren und
übersichtlichen Lehrbuch schnell und verständlich erklärt!

- Kipperkarten verstehen und deuten lernen
- Alle Karten mit ihren Bedeutungen
- die Kipperkarten im Tableau
- Die Beziehungen der Karten untereinander, Kombinationen
- Verschiedene Legesysteme, Schnelllegesysteme
- Die Astrologische Jahres-Kartenlegung, das Einbeziehen
  von Zusatzkarten, Hinweise zur Arbeit mit der Tageskarte
- Tipps für Fortgeschrittene, zahlreiche Tipps und bildliche
- Darstellungen, Übungen und Lösungsvorschläge

Weitere Angebote des Brika-Verlages

Brittas bewährtes Lehrsystem: Übersicht
Selbstlernkurs I-IV (Grund- und Aufbaukurs)

Sie möchten das Kartenlegen erlernen? Geeignet für Hobby, Neben- oder Hauptberuf

Empfehlenswerte Zusatzbücher zum Selbstlernkurs

Das Interpretieren lernen, die Kombinationen auf einen Blick erkennen, weitere Legesysteme und Deutungsmethoden.

Lehrbücher V-VII (Zur Vertiefung des Kartenlegens)

Sie wollen tiefer in das Kartenlegen eindringen, mehr Wissen sammeln und sich vielleicht sogar selbständig machen?

Ergänzungsbücher zum Kartenlegen (auch zu
anderen Kartendecks einsetzbar)

Sie haben eine schnelle Frage, wie z.B.

- Wie sieht es heute mit meiner Stimmung, Laune aus?
  *Ziehen Sie eine Stimmungskarte
- Wie soll man auf einen Disput reagieren?
  *Ziehen Sie auf die Frage eine Ergänzungskarte
- Weshalb ist etwas geschehen?
  *Ziehen Sie eine Zigeunerkarte, um die Antwort zu erhalten.

Brittas Wahrsagekarten mit Begleitbuch

- ➢ Jede Karte wird ausführlich erklärt und gedeutet, anhand des exklusiv für Britta gestalteten außergewöhnlichen Kartendecks
- ➢ Viele zusätzliche Anregungen und Denkanstöße.
- ➢ Zuordnungen zu Sternzeichen, Edelsteinen, Farben, Chakren, Berufen und Eigenschaften
- ➢ Zeitkarten sind mit einer Uhr gekennzeichnet, Zukunftskarten mit einem Auge.

Übersicht: Brittas bewährtes Lehrsystem

Der große Selbstlernkurs - Grund- und Aufbaukurs

Als Hobby, Neben-
oder Hauptberuf
**der große Selbstlernkurs
Inhalt von Lehrbuch I-IV**

Übungsbuch zum
Kompaktkurs. Fernkurs
Lehrbücher I-IV und zum
großen Selbstlernkurs

Empfehlenswerte Zusatzbücher zum Selbstlernkurs

Interpretations-
hilfe

Kombinationen
auf einen Blick

Legesysteme mit
Fallbeispielen

Zur Vertiefung des Kartenlegens

Hilfsmittel, Tipps
Techniken, Fakten
zur Selbständigkeit
Lehrbuch V

Grundstein für eine
eigene Existenz als
Kartenleger/in
Lehrbuch VI

Ratgeber&Übungsbuch
für professionelle
Beratungsgespräche
Lehrbuch VII

Ergänzungsbücher zum Kartenlegen

Genaue Analyse
der Tagesstimmung
**Stimmungsbuch
plus Karten**

Die Frage nach der
Ursache „WARUM?
**Zigeunerbuch
plus Karten**

WIE soll ich
reagieren?
**Ergänzungsbuch
plus Karten**

Lösungen zu den Testaufgaben

1. Ist die erste Karte im Kartenbild eine wichtige Karte?

   ja

2. Was bedeutet es, wenn eine Frau (Fragerin) die Karten mischt und dann die erste Karte im großen Kartenbild die Nr. 29 ist?

   Sie ist zukunftsorientiert.

3. Was bedeutet es, wenn eine Frau (Fragerin) die Karten mischt, und dann die letzte Karte im großen Kartenbild die Nr. 29 ist?

   Sie denkt an die Vergangenheit

4. Müssen immer alle Karten im Tableau gedeutet werden?

   nein

5. Weshalb ist es wichtig, die erste Karte zuerst anzusehen?

   Sie zeigt das momentan wichtigste Thema an.

6. Welche Kartenkombination zeigt an, dass eine Person geschieden ist?

   Sense + Ring

7. Ist es wichtig, welche Karte im großen Kartenbild neben dem Frager oder der Fragerin liegt?

ja

8. Ist es wichtig, welche Karte im großen Kartenbild neben der Arbeit, Liebe, Ehe, Finanzen usw. liegt

ja

9. Ist es wichtig, auf Kombinationen zu achten?

ja